BEI GRIN MACHT SICH IHR WISSEN BEZAHLT

- Wir veröffentlichen Ihre Hausarbeit,
  Bachelor- und Masterarbeit

- Ihr eigenes eBook und Buch -
  weltweit in allen wichtigen Shops

- Verdienen Sie an jedem Verkauf

Jetzt bei www.GRIN.com hochladen
und kostenlos publizieren

Bibliografische Information der Deutschen Nationalbibliothek:

Die Deutsche Bibliothek verzeichnet diese Publikation in der Deutschen National-
bibliografie; detaillierte bibliografische Daten sind im Internet über http://dnb.d-
nb.de/ abrufbar.

Dieses Werk sowie alle darin enthaltenen einzelnen Beiträge und Abbildungen
sind urheberrechtlich geschützt. Jede Verwertung, die nicht ausdrücklich vom
Urheberrechtsschutz zugelassen ist, bedarf der vorherigen Zustimmung des Verla-
ges. Das gilt insbesondere für Vervielfältigungen, Bearbeitungen, Übersetzungen,
Mikroverfilmungen, Auswertungen durch Datenbanken und für die Einspeicherung
und Verarbeitung in elektronische Systeme. Alle Rechte, auch die des auszugsweisen
Nachdrucks, der fotomechanischen Wiedergabe (einschließlich Mikrokopie) sowie
der Auswertung durch Datenbanken oder ähnliche Einrichtungen, vorbehalten.

Impressum:

Copyright © 1989 GRIN Verlag, Open Publishing GmbH
Druck und Bindung: Books on Demand GmbH, Norderstedt Germany
ISBN: 978-3-668-12424-0

Dieses Buch bei GRIN:

http://www.grin.com/de/e-book/313272/das-westwerk-interpretationen-nach-
guenter-bandmanns-mittelalterliche

Kathrin Ellwardt

Das Westwerk. Interpretationen nach Günter Bandmanns "Mittelalterliche Architektur als Bedeutungsträger" und Friedrich Möbius "Westwerkstudien"

GRIN Verlag

GRIN - Your knowledge has value

Der GRIN Verlag publiziert seit 1998 wissenschaftliche Arbeiten von Studenten, Hochschullehrern und anderen Akademikern als eBook und gedrucktes Buch. Die Verlagswebsite www.grin.com ist die ideale Plattform zur Veröffentlichung von Hausarbeiten, Abschlussarbeiten, wissenschaftlichen Aufsätzen, Dissertationen und Fachbüchern.

Besuchen Sie uns im Internet:

http://www.grin.com/

http://www.facebook.com/grincom

http://www.twitter.com/grin_com

Philipps - Universität Marburg
Institut für Kunstgeschichte
Sommersemester 1989

Proseminar: Architekturikonographie

Das Westwerk

*

Interpretationen nach
Günter Bandmann: Mittelalterliche Architektur als
Bedeutungsträger
und
Friedrich Möbius: Westwerkstudien

*

Ein Vergleich

Bearbeiterin: Kathrin Ellwardt
3. Fachsemester

Studienfächer: Kunstgeschichte
Mittlere u. Neuere Geschichte
Graphik u. Malerei

gute Gegenüberstellung + Charakterisierung

Inhaltsverzeichnis

1. Einleitung   1

2. Günter Bandmann: Mittelalterliche Architektur als Bedeutungs-träger   2
   2.1 Die Fragestellung   2
   2.2 Die Argumentation   2
       2.2.1 Allgemeine Zusammenfassung   2
       2.2.2 Das Westwerk   5

3. Friedrich Möbius: Westwerkstudien   6
   3.1 Die Fragestellung   6
   3.2 Die Argumentation   7

4. Zusammenfassung und Vergleich   12

5. Anmerkungen   14

6. Literatur   15

1. Einleitung

Am Ende des 8. Jahrhunderts erscheint erstmals eine Architektur-
form, die, so Friedrich Möbius, "zu den gewaltigsten Schöpfungen der
frühmittelalterlichen Baukunst gezählt werden muß " (Westwerkstudien,
S.8): das Westwerk, eine westliche Vorkirche, bestehend aus einer
niedrigen Eingangshalle und einem darüberliegenden Zentralraum mit
Emporen, der sich zum anschließenden Langhaus öffnet. Der obere Kult-
raum ist meist dem Salvator oder dem Erzengel Michael geweiht. Nach
außen hin erscheint das Westwerk als breiter Turm, manchmal von zwei
Treppentürmen flankiert: ein weithin sichtbares, wehrhaftes Zeichen
für die Macht der Kirche. Westwerke kommen in karolingischer und
ottonischer Zeit bei Kloster- und Bischofskirchen vor.

Die Entwicklung dieser Bauform, ihre Nutzung, ihre symbolische
Aussage und die gesellschaftlichen und politischen Gegebenheiten zur
Zeit ihrer Entstehung beschäftigen die Forschung seit langem.
Im Folgenden sollen anhand zweier Arbeiten von Günter Bandmann und
Friedrich Möbius zwei Interpretationsansätze dargestellt werden.

Günter Bandmann behandelt in seinem 1951 erschienenen Buch
"Mittelalterliche Architektur als Bedeutungsträger" den gesamten
Komplex der früh- und hochmittelalterlichen Architekturgeschichte.
Dabei untersucht er die verschiedenen Bedeutungen von Bauwerken
(symbolisch - geschichtlich - ästhetisch) und deren Auswirkungen auf
die Formgebung, außerdem die Rolle des Bauherrn und dessen
Ansprüche. An diversen Bautypen, u.a. dem Westwerk, zeigt Bandmann die
Entwicklung der mittelalterlichen Baukunst auf. Die rein stilkritische
Analyse lehnt er ebenso ab wie die neuzeitliche Kunstauffassung, die
die ästhetische Wirkung in den Mittelpunkt stellt. Stattdessen ist
sein Ziel, die geistesgeschichtliche Situation darzulegen und die Denk-
weise des mittelalterlichen Menschen zu rekonstruieren.

Friedrich Möbius geht in seiner Arbeit "Westwerkstudien", er-
schienen im Jahre 1968, methodisch den umgekehrten Weg: anhand eines
einzelnen Bauwerks, nämlich des Westwerks von Centula, des ältesten
bekannten Beispiels dieses Typus, versucht er, allgemeinere Schlüsse
zu ziehen. Mit Hilfe der überlieferten Quellen analysiert er die histo-
rische Situation der Bauzeit und die Stellung des Bauherrn, des
Centulaer Abtes Angilbert, in Staat und Kirche. Einen Schwerpunkt legt
er auf die unterschiedlichen Nutzungen. Hieraus gewinnt er

Erkenntnisse über die Struktur der frühmittelalterlichen Gesellschaft.
Seine Argumentation, die von einem sozialhistorischen Ansatz ausgeht,
ist deutlich geprägt von einem marxistischen Erkenntnisinteresse.[1]

2. Günter Bandmann: Mittelalterliche Architektur als Bedeutungsträger

2.1 Die Fragestellung

Günter Bandmann nimmt als Basis seiner Untersuchung die Tat-
sache, "daß bestimmte Bauformen zu bestimmten Zeiten da sind oder fehlen, d.h. daß Bauherren ... bestimmte Formen aus dem überlieferten
Typenvorrat wählen, fördern oder ablehnen" (S.7). Im Mittelalter ist
nicht der Künstler, sondern in erster Linie der Auftraggeber wichtig,
und dessen Anliegen ist die Gestaltung einer inhaltlichen Aussage.
Die überlieferte Bedeutung gibt Anlaß zu Rezeption oder Ablehnung der
Formen; der Verwendungszweck allein reicht als Begründung nicht aus.
Bandmann fragt nach dem Wandel der Bedeutungen im Mittelalter, nach
den Verhaltensweisen von Kirche und Kaiser, nach dem Einfluß der Antike, nach dem Verhältnis von dem Brauchtum einzelner Völker und den in-
ternationalen Typen, nach der Entstehung landschaftsgebundener Stile.
Als Grundlage dient ihm ein Blick auf die Anfänge der Architektur.

Der Autor hat seine Untersuchung absichtlich auf die
Architektur des Mittelalters beschränkt, "denn diese Kunstgattung ist
am meisten den historischen Gewalten ausgesetzt und am längsten einer
rein künstlerischen Behandlung entzogen." (S.255f.)

2.2 Die Argumentation

2.2.1 Allgemeine Zusammenfassung

Die Bedeutungen, die Bandmann analysiert, "beziehen sich nicht
auf die statische Leistung ... und auch nicht auf den künstlerischen
'Sinn' oder den 'Gehalt'", sondern sie "(weisen) auf einen übergeordne-
ten Inhalt, einen Sinnzusammenhang (hin)." (S.10)

Nach den Grundsätzen des Christentums galt das Kunstwerk als
bildhafte Veranschaulichung der himmlischen Ordnung, nicht als Bereich
eigener Gesetzlichkeit. Mittelalterliche Kunst erscheint immer "in Verbindung mit dem Wort, mit der Interpretation" (S.21).

Bandmann unterscheidet drei Arten von Bedeutungen: die symbolische, die geschichtliche und die ästhetische. Die **ästhetische**

Bedeutung, die erst in der Neuzeit zur vorherrschenden Qualität wird, "(beurteilt) die Einzelformen auf ihren Beitrag zum Organismus des Gesamtkunstwerks ... Sie setzt das mit der Verwirklichung inselhaft gewordene Kunstwerk als Endziel." (S.23). Das Mittelalter stellt jedoch einen "Anspruch an den rationalen Überbau" (S.26). Um das mittelalterliche Kunstverständnis nachvollziehen zu können, müssen symbolische und geschichtliche Bedeutungen in Betracht gezogen werden.

Der mittelalterliche Symbolismus, der das Magische und das Rationale gleichermaßen beinhaltet, ist ein Kompromiß zwischen dem extremen Spiritualismus einerseits und den unbewußten animistischen Strömungen innerhalb des Christentums andererseits. Die **symbolische Bedeutung** läßt sich anhand zeitgenössischer Quellen ermitteln. Die literarischen Quellen - zu unterscheiden sind Bauurkunden und (meist spätere) Beschreibungen - stellen für gewöhnlich den Auftraggeber oder Stifter in den Mittelpunkt. Dieser hatte weitreichenden Einfluß auf die formale Gestaltung des Baues. Die Kopie eines Vorbildes war wichtiger als die Schöpfung originaler Formen; Neuerung galt als Makel. Allerdings "(erfaßt) die Kopie im Mittelalter die zu rezipierende Form nie total ..., sondern nur die wichtigsten, auf den Inhalt hinweisenden Züge ... Drei oder vier wiederholte Maße, einige kopierte Glieder genügen, um die Identität der Bedeutung zu sichern." (S.48).

Die Kirche ist Abbild und Wirklichkeit des Gottesstaates, des himmlischen Jerusalem. Diese Auffassung ist bis ins hohe Mittelalter allgemeinverbindlich. Die Gläubigen verstehen sich als Bürger des Himmelsstaates. In der Antike war der Staat die Stadt; so konnte die Stadt zum Vorbild für die Kirche werden.[2] Im nordischen Mittelalter wurde Stadt mit Burg gleichgesetzt, dadurch wurden Formen wie Stadttor und Wehrturm in den Kirchenbau übernommen. - Ab dem 13. Jahrhundert wird mit dem aufkommenden Drang zur Verbildlichung die symbolische Aussagekraft gemindert.

Die **geschichtliche Bedeutung** ist für Bandmann der wesentlichste Anlaß zur Rezeption bestimmter Formen, also "die Verwendung der Formen in der Vergangenheit durch Auftraggeber, in deren Nachfolge man zu treten gedachte." (S.35).[3]

Baudenkmäler können nach Epochen, nach geographischen Räumen oder nach Typen geordnet werden. Bei der Ordnung nach Typen fallen Gemeinsamkeiten über große zeitliche oder räumliche Distanzen auf, für die es zwei Interpretationsmöglichkeiten gibt: erstens Wachstumsparallelen, resultierend aus analogen, aber unabhängigen Entwicklungsstufen der jeweiligen Völker, zweitens bewußte Rezeptionen (zu fragen ist hier nach der geschichtlichen Wahrscheinlichkeit). Bewußt aufgenommene Traditionen, die zunächst einen Anspruch vortragen, können zum Brauch, zum Beharren in unbewußten Gewohnheiten herabsinken.

Die vorgeschichtliche Zeit war geprägt vom Fehlen verbindlicher, dauerhafter Formen. Die Wendung zur Geschichtlichkeit bedeutet einen neuen Bewußtseinsgrad, das Streben nach Verewigung. Es entstehen die Weltreligionen, das fixierte Recht, der Staat, das sakrale Herrschertum, Schrift und Bildnis, der Steinbau. Aus dem Wohnhaus entwickeln sich Grab- und Kultbau. Im Mittelmeerraum treten immer wieder geschichtslose Völker in die Gschichte ein und übernehmen, um sich zu legitimieren, die Formen ihrer Vorgänger.

Das frühe Christentum legt noch keinen Wert auf prunkvolle Kultbauten:"Das Höchste wohnt nicht in einem Werk von Menschenhand."[4] Als aber im 4. Jahrhundert unter Konstantin das Christentum zur Staatsreligion wird, wird der Bau selbst zum Heiligtum. Die Verbindung mit dem antiken Kaisertum führt zur Übernahme von Elementen des Kaiserkultes in die Liturgie.[5] Der im frühen Mittelalter verehrte königliche Christus erscheint in gleicher Symbolik wie Kaiser und Sonnengott. Christus- und Kaiserkult vereinigen sich. Der Kaiser bekommt eine sakrale Stellung im Heilsplan als Weltheiland. Der Kult bleibt bis hin zu Karl dem Großen "eine selbstverständliche Dimension des Staates" (S.181). Aber: in der Antike galt der Kaiser selbst als Gott. Im Mittelalter ist er nur "von Gottes Gnaden", was seine Kompetenz einschränkt. "Das ganze Mittelalter ist durch den Kampf zwischen der kirchlich-sakramenalen und der monarchisch-theokratischen Hierarchievorstellung bestimmt." (S.182). In merowingischer Zeit ist die Kirche den Königen und Grafen völlig untergeordnet; die Stellung des Königs ist der des byzantinischen Kaisers nicht unähnlich. Die Karolinger jedoch wollen durch engeren Anschluß an Rom eine Legitimation der Macht erreichen: "Durch die Kaiserkrönung Karls (wurde) die Unbedingtheit der Herrscherstellung eingeschränkt ... trotz aller Steigerung und legaler Sicherung der Macht. Die Gleichberechtigung der Kirche ... bewirkte eine von jetzt ab mögliche Scheidung von weltlichem Regnum und unabhängigem Sacerdotium." (S.219).

Das westliche Kaisertum betont, verstärkt nach dem Investiturstreit, den (unrealistischen) Vorrang des Regnum vor dem Sacerdotium. Nach Canossa erlischt langsam die Ideologie des Kaisertums; Christus wird nun nicht mehr als König, sondern als Leidender dargestellt. Ab 1220 gilt der Kaiser als Laie. - Die Imperiumsidee ist im wesentlichen geistig, die realpolitischen Verhältnisse bleiben ungeklärt.

Bis ins 13. Jahrhundert wird die Baukunst bestimmt von der Kon-
kurrenz der Frankenherrscher zu Byzanz, zum römischen Papsttum, zu
den entstehenden Nationen, zum Mönchtum (Reformorden) und zu den mäch-
tiger werdenden Landesherren. Mit dem Anfang der nationalen Staaten im
10. Jahrhundert beginnen sich nationale Stile zu entwickeln. Aus der
normännischen Baukunst entsteht in der Ile de France die Architektur
des heranwachsenden französischen Königtums: die Gotik wird zum neuen
Universalstil. Allmählich schwinden die symbolische und die geschichtliche Bedeutung, vor allem unter dem Einfluß der Reformorden.
Diese vertreten ein "alle Kunst ablehnendes Prinzip" (S.249). "Der
Geist steht über der Ansprache durch das Ding; die magische Weltschau
wandelt sich in eine vernünftige!" (S.248). Die Formen werden von Sinn-
trägern zu Schmuck, sie werden säkularisiert. Hier löst die ästhetische Bedeutung die symbolische und die geschichtliche ab. Der Innen-
raum wird nun künstlerisch gestaltet; er entwickelt sich zum gewölbten
Einheitsraum, wird als "geschautes Ganzes" (S.251) aufgefaßt.

2.2.2 Das Westwerk

Westwerke sind, so Günter Bandmann, entstanden aus der
Nachfolge des östlich-byzantinischen Zentralbaus[6], der mit der Basilika römischen Typs verbunden wird. Sie sind typisch für das 9.-11. Jahrhundert in Franken. Nur die karolingische Epoche kennt das
Vollwestwerk. Bandmann ordnet ihre Entstehung ein in die Phase der aufkommenden Rivalität zwischen Kaiser und Papst und des stärker werdenden Autonomiestrebens der Kirche. Neben der byzantinischen Hauptkirche
zentraler Gestalt sieht der Autor auch den Turm und den emporengefüll-
ten Westquerbau sowie die germanische Königshalle als Ursprünge des
Westwerks an. Die zeitgenössischen Quellen bezeichnen das Westwerk als
turris[7], opus, oratorium, castellum[8] oder ecclesia[9].
Eine Reihe von späteren Westbauformen sind vom karolingischen
Westwerk ableitbar, so die Dreiturmgruppe, der kurze Westquerbau, der
Westturm, die Westchorhalle. Die Sachsenkaiser übernahmen das Westwerk
vom karolingischen Niederrhein.
Symbolisch vertritt das Westwerk die Himmelsstadtvorstellung
wie der übrige Kirchenbau auch, aber dies kann nicht als alleinige ge-
dankliche Wurzel angesehen werden. Zusätzlich hat es die Bedeutung des
Wehr- und Stadttorbaus, der ecclesia militans.[10] "So ist das
Westwerk nicht nur Schutz- und Trutzburg für die anschließende Basilika, nicht nur Eigenkirche für den Herrscher, sondern auch Abbreviatur

der Gesamtkirche unter dem Symbol der Stadt ... Die allegorische Trennung von Ecclesia militans und Ecclesia triumphans in einem Bauwerk und die Sammlung zweckhafter Beziehungen auf den Westbau der Kirche macht die Anfügung der Stadtsymbole gerade an dieser Stelle verständlich." (S.112). Der Eigenkirchencharakter des Westwerks ist, auch formal, immer offensichtlich: es hat einen eigenen, von der Basilika abgetrennten zentralen Raum sowie eigene Altäre und Patrone. Hier finden diejenigen Handlungen statt, die auf die Laienwelt bezogen sind: Taufe, Heirat, Pfarrgottesdienst, Osterkommunion und vor allem die Sendgerichte. (Dies sind die spezifischen Eigenkirchenrechte.) Im Westwerk wohnt der Eigenkirchenherr dem Gottesdienst bei. Eigenkirchenherr der Reichsklöster ist der Kaiser, dem das Kloster als temporäre Residenz zu dienen hat.

Im Westwerk fanden die Sendgerichte statt, "eine kirchliche Visitation mit anschließender Rechtsprechung, die seit dem Ende des 9. Jahrhunderts als kirchliche Einrichtung bekannt ist. Sie setzt bis in formale Einzelheiten die ursprüngliche, staatliche 'Inquisitio' fort ... Da der Typ (des Westwerks) schon vor der kirchlichen Ausübung des Sendgerichts verbreitet war, läßt sich annehmen, daß er in früherer Zeit für die Inquisitio des vornehmsten Eigenkirchenherrn, des Kaisers, diente, wenn er bei seinem Aufenthalt im Reichskloster residierte." (S.211f.). Das Westwerk sollte die Ansprüche vertreten, die aus der neuen Stellung des Kaisers zu Rom resultierten: "Der von Rom kommende Einfluß, der die Autonomie der eigentlichen Kirche anstrebte und der politisch-rechtlich mit der vom Papst getätigten Kaiserkrönung begründet wurde, bewirkte auch die Anfügung des Westwerks an die Basilika römischen Charakters als Hauptkirche." (S.212).

3. Friedrich Möbius: Westwerkstudien

3.1 Die Fragestellung

Friedrich Möbius untersucht Entstehung und Aufgaben des Bautypus "Westwerk" ausgehend von demjenigen Bau, der als der Ursprungsbau dieses Typus gilt: dem Westwerk der großen Klosterkirche von Centula. Er wählt dieses Beispiel vor allem deshalb, "weil hier die Gestalt des Bauherrn am klarsten erschlossen werden kann und weil zudem die schriftlichen Quellen hier so dicht fließen wie an keinem anderen Ort." (S.8). Der Autor macht die historischen Quellen zur Grundlage seiner Analyse, die sich schwerpunktmäßig mit der Person des Bauherrn und mit den sozialen und politischen Gegebenheiten der Zeit auseinandersetzt:

"Unsere wichtigste Frage gilt der gesellschaftlichen Stellung des Centulaer Bauherrn und der Funktion, die das Westwerk im Leben der damaligen
Zeit besaß." (S.8).

3.2 Die Argumentation

Möbius referiert zunächst die wesentlichsten Ansätze der bisherigen
Westwerkforschung. Die ältere Forschung hielt das Westwerk für eine zwei-
te Mönchskirche, analog zur Ostpartie. Dann wurde erkannt, daß es zugleich
als Pfarrkirche diente (Effmann 1912) und ein selbständig entstandenes
Motiv darstellt (Wissmann 1933, Grabar 1946). Hier wurde der Salvatorkult
zelebriert (Heitz 1963). Die Pfarrkirchenrechte lassen sich aus eindeuti-
gen schriftlichen Quellen nachweisen. Die Kaiserkirchenhypothese (Fuchs
u. Schmidt 1950, weitergeführt durch G. Bandmann 1949 - 1951) faßte das
Westwerk auf als kaiserliche Eigenkirche mit allen entsprechenden Rechten.
Das Denkmodell des Westwerks als reiner Hofkirche hält Möbius allerdings
für probl/ematisch, denn daneben fanden hier auch die Pfarrhandlungen
statt, und eine morphologische Ableitung von der Aachener Pfalzkapelle
ist ausgesprochen zweifelhaft. Zudem wurden die "Kaiseremporen" mittler-
weile als Sängeremporen gedeutet (Kreusch 1963). Dennoch erachtet Möbius
die Kaiserkirchenhypothese für prinzipiell richtig. - In Zusammenhang
damit steht die Auffassung vom Wehrcharakter des Westwerks (Stengel 1955).
Das Kloster von Centula diente offenbar dem Küstenschutz; daher wurde
das Kirchengebäude mit militärischen Funktionen angereichert.
Das Westwerk steht so auch in der Tradition der Wohn- und Wehrtürme.
Der **Bauherr** des Westwerks von Centula war Angilbert, der 789 oder 790
von Karl dem Großen mit dem Kloster belehnt und als Abt eingesetzt worden
war. Centula war also königliches Eigenkloster. Der Laienabt Angilbert
war ein Angehöriger des karolingischen Hauses (Schwiegersohn Karls), der
vor und auch während seines Abbatiates politische Aufgaben am
Hof wahrnahm. Quellen weisen ihn als Mitglied der Aachener Hofkapelle,
d. h. des engsten Verwaltungsstabes aus. - Die große Kirche von Centula,
die Richariuskirche, wurde im Zuge des Neuaufbaus des gesamten Klosters
(u.a. der drei Kirchen) im Jahre 790, spätestens 791 begonnen; geweiht
wurde sie am 1. Januar 799. Die ganze große Kirche mitsamt dem Westwerk
ist eine einheitliche Planung. 799 muß also auch das Westwerk bereits
vollendet gewesen sein.
Bezüglich der praktischen Nutzung des Westwerks unterscheidet Möbius
vier Zwecke: den Hofzweck, den Sendzweck, den Wehrzweck und den Kultzweck.
Hofzweck: Die Quellen nennen zwei Arten von Vasallen des Abtes: die

nobiles viri, kleine Feudalherren aus dem Provinzadel, die ihr Lehen gegen die Verpflichtung zum Kriegsdienst (Stellen von Soldaten) erhielten, und die honorabiliores viri, die Klostersoldaten, die in der Klosterstadt[11] lebten und als Panzerreiter dienten. In der Ordnung der Bittprozessionen wurde diese Zweiteilung liturgisch institutionalisiert. Angilbert war Beamter der Zentralgewalt; er regierte die Provinz Ponthieu. "Nicht der Abt von Centula regierte eine Provinz ... sondern dem Statthalter einer Provinz wurde ein Kloster verliehen, auf desses moralische und materielle Potenzen er sich stützen konnte ... Angilberts Belehnung mit der Abtswürde bedeutete nicht Verbannung in ein KLoster, sondern Übernahme einer wichtigen Regierungsfunktion in einem Teile des karolingischen Imperiums." (S.37). An den hohen Kirchenfesten fand in der Kirche unter Vorsitz des Abtes der Hoftag, die Curia regalis, statt. Dieser Provinzmagistrat, bestehend aus den großen Grundbesitzern der Region, übte die wichtigsten Hoheitsrechte in der Provinz aus. Die frühmittelalterlichen Kurien tagten oft in kirchlichen Gebäuden. Möbius stellt die Hypothese auf, daß in Centula das Westwerk, nicht das Langhaus, für die Sitzungen benutzt wurde. Er sieht das Westwerk als Ergebnis einer Verbindung, eines Bündnisses von Königtum und Kirche, das sich durch die Königssalbung Pippins (751) manifestiert hatte. "In der Entstehung eines eigenen Kurienraumes spricht sich primär nicht eine Stabilisierung der Kirche, sondern eine der Kurie aus ... Weltliche Handlungen wurden mit der Erfindung des Westwerks nicht aus dem Kirchenbau herausgenommen, sondern dauerhaft und wesentlich erst jetzt mit dem Kirchenbau verbunden." (S.43). Hier widerspricht er Bandmann, der in der Verlagerung der weltlichen Handlungen in den Westbau "eine Scheidung von weltlichem Regnum und unabhängigem Sacerdotium" sieht (Bandmann S.212 u. 219).

Sendzweck: Bei der Weihe der Centulaer Richariuskirche war eine große Zahl von kirchlichen Würdenträgern anwesend, weit mehr, als der liturgische Vorgang erfordert hätte. Die Bischöfe ehrten durch ihre Anwesenheit die Autorität des Königs: "Das enge Zusammenwirken bischöflicher und königlicher Gewalt ... symbolisiert eine enge und wesentliche Verbindung des Kirchlichen und Staatlichen. Sie ist im Jahr 799 ein Novum von hoher entwicklungsgeschichtlicher Bedeutung: entschlossene Formulierung des königlichen Anspruchs auf kirchliche Legitimierung nun auch im engeren liturgisch-kirchlichen Bereich ... Zwischen 774 und 799 hat das Königtum die Bischöfe zur Stützung seiner Autorität gewinnen können." (S.46).

Der Bischof wurde in dieser Zeit nicht nur Personalchef und oberster

Priester seiner Diözese, ihm oblagen auch Verwaltung und Jurisdiktion. Unterstützt wurde er von einem Grafen als Vertreter der weltlichen Gewalt. Hauptaufgabe des Bischofs war die Erziehung des Volkes zum Christentum und damit zum Respekt vor der neuen Obrigkeit: "Der neue christliche Gott legitimierte den neuen christlichen König, religiöse Tugend und staatsbürgerliche Ergebenheit bedingten und förderten sich gegenseitig" (S.49).

Kontrolle über das flache Land erlangte der Bischof durch das Sendgericht, einen inquisitorischen Strafprozeß[12]. Dessen weltlicher Vorläufer war das fränkische "Rügeverfahren". Bei der königlichen Gerichtsreform in den 780'er Jahren wurden Bischofs- und Grafengericht einander angeglichen. "Aus der Einheit von Staatlichem und Kirchlichem - und der Dominanz des Staatlichen in dieser Einheit - erwuchs nun aber auch die architektonische Form, die zum Gehäuse dieser - staatsbezogenen - bischöflichen Leitungstätigkeit wurde: das Westwerk" (S.53). Sendgericht und Westwerk entstanden also gleichzeitig!

Die Weihenachricht des Turmes des Klosters Werden von 943 nennt das Westwerk als Ort des Sendgerichts. "Der westliche Vorbau - nur er - besaß wichtige Vorrechte einer Mutterkirche. Hier wurde getauft, hier feierte die Bevölkerung die großen Kirchenfeste ... hier wurde schließlich Gericht gesprochen" (S.55). Auch Centula war eine dieser karolingischen Ur- oder Stammpfarrkirchen (Mutterkirchen); der Abt besaß die Gerichtshoheit über den Gau Ponthieu. Daher folgert Möbius, daß schon das Westwerk in Centula für das Sendgericht entwickelt wurde. An dieser Stelle verweist er auf Bandmann, der wegen seiner zu späten Datierung des Sendgerichts dieses nicht als Auslöser für die Entstehung des Westwerkes auffassen konnte (Bandmann S.211). - Ein Westwerk mußte als idealer Gerichtsraum empfunden werden. Die Form wurde an Bischofskirchen (Reims) übernommen und diente dort für die Bistumssynoden.

Wehrzweck: Angilbert war nicht nur wie seine Nachfolger Graf (comes) von Ponthieu, er trug den Titel eines dux[13], d.h. er hatte den militärischen Oberbefehl über einen größeren Bezirk. Sein Dukat umfaßte den Küstenstreifen von der Südgrenze Frieslands bis Rouen. Wahrscheinlich war seine Aufgabe die Verteidigung der Küste gegen die Kriegszüge der an der Nordsee ansässigen germanischen Völker, die Karls Reich akut bedrohten. Im Jahre 800 hielt sich Karl zu Ostern in Centula auf: das Kloster war königliche Residenz während einer militärischen Inspektion.

Das Kloster war, im Gegensatz zur Klosterstadt, durch Mauern und Türme befestigt. Die Kirche diente als "Fluchtburg". So steht das Westwerk in der Nachfolge des spätantiken Wohn- und Wehrturmes. "Die Idee des Turmes beherrscht ... vor allem den Außenbau. Den mächtigen aufsteigenden Mittelturm flankieren Treppentürme, die zu den breiten Wänden der beiden Raumflügel hinüberleiten ... In diesem Zusammenspiel von schmalen und breiten, von steigenden und lastenden, von ruhenden und drängenden Formen entsteht eine architektonische Gestalt von unerhörter Massigkeit und Höhe ... Diese Fassade symbolisiert Macht überhaupt ... Sie ist eine weit in das Land hinein sichtbare künstlerische Manifestation der Herrschaft schlechthin!" (S.68f.). In der Zeit des Feudalisierungsprozesses war dieses Zeichen nicht zuletzt gegen innere Feinde gerichtet.

Kultzweck: Angilberts Planungen der neuen Klosteranlage basierten auf der trinitatischen Symbolik. Es gibt drei Kirchen und drei Hauptaltäre, und überall findet sich in Maßen und Proportionen die Grundzahl Drei. Der Konvent sollte 300 Mönche umfassen. Neben der Trinität spielte die christologische Symbolik die größte Rolle. Auf vier Bildwerken ließ Angilbert Stationen der Lebensgeschichte Christi darstellen (Nativitas, Passio, Resurrectio, Ascensio). Das Langhaus war "ein Stück umbaute, Raum gewordene Prozessionsstraße" (S.72). Nach dem Vorbild der römischen Stationsgottesdienste wurden in Centula triumphale Prozessionen abgehalten, die die Unterordnung unter den Weltherrscher versinnbildlichen sollten. Wichtigste Stationskirchen hierbei waren der Richariuschor (Ostchor) und der Salvatorbau (Westwerk), wobei der Salvatorbau durch seine architektonische Form über die übrigen Kultplätze der Kirche hinausgehoben wird.

"Das Centulaer Westwerk mit dem Salvatorgeschoß und der Salvatorvierung als künstlerischem Zentrum ist das architektonische Gehäuse für den Kult des höchsten Wesens, das in karolingischen Reichsklöstern verehrt werden konnte: für den Kult des königlichen Salvators!" (S.78). Hier feierte man die höchsten Christusfeste. In der karlischen Christologie waren neben Christus auch die fränkische Kirche und das karolingische Königshaus Gegenstand der Verehrung. "Im Bilde des himmlischen Königs sah sich der irdische König als einen sieghaft triumphierenden, den Feind bezwingenden und die Welt einer neuen Ordnung entgegenführenden Herrn, als Erlöser der Welt vom Fluch des Heidentums und von der Sünde der urgesellschaftlichen Primitivität ... Jede Messe, die man dem Salvator zelebrierte, festigte Stellung und Autorität des irdischen Königs!" (S.80).

Die Kommunion zu den höchsten Christusfesten fand allein im Westbau statt: in der Salvatorvierung und darunter in der Salvatorkrypta. Da man die Kirche in der Ordnung der Prozession betrat, standen Konvent und Adel im Obergeschoß in der Salvatorvierung, der mixtus populus (das niedere Volk) im Erdgeschoß in der Krypta. "Was der Centulaer Darreichung von Wein und Brot ... ihre besondere Färbung gab,

das war das soziale Modell einer Klassengesellschaft, das hier auf wei-
ten Strecken die religiöse Feier bestimmte. Die differenzierte Struktur
der Salvatorkirche, die vielfältige Raumbindung in der Vertikalen und
Horizontalen, besonders die Schichtung der Geschosse und die Heraushe-
bung des zentralen Raumgevierts unter der Kuppel spiegelte die Sozial-
struktur der frühfeudal-karolingischen Welt wider." (S.84).

Im Frühjahr 800 hielt sich Karl d. Gr. für einige Wochen
in Centula auf. Er feierte hier das Osterfest und nahm auch an der Trans-
lation der Gebeine des heiligen Richarius teil. Der Kaiser wechselte, den
liturgischen Erfordernissen entsprechend, seinen Standort in der Kirche:
Karfreitag im Langhaus, Ostern in der Salvatorvierung (nicht auf der
Empore!), am Richariusfest im Ostchor. "Das Westwerk fungierte durchaus
nicht als eine für den Gottesdienst des Herrschers erbaute Pfalzkapelle.
Die ganze große Kirche von Centula war aus dem Geiste einer triumphalen
Christologie erwachsen, deshalb konnte sich der König an jedem
ihrer Plätze in angemessener Weise aufhalten." (S.88).

Insgesamt gesehen faßt Möbius das Westwerk auf als ein Abbild der
ganzen frühfeudalen Klassenstruktur. Mit der Entstehung des Benefizial-
und Lehnswesens ab der Mitte des 8. Jahrhunderts konzentrierte sich die
wirtschaftliche und politische Macht in den Händen des Adels, dessen
führende Kraft das Königtum war. Die Kirche unterstützte diesen Prozeß
durch "den Aufbau bzw. die entschlossene Stabilisierung eines Gottes-
staatsbildes ... die neue Stellung der frühfeudalen Monarchie fand
im Bilde ddes monarchisch thronenden Christus eine einleuchtende und zugleich erhöhende Parallele." (S.89).

Die Zwecke des Westwerks waren überaus vielfältig: "Im Hofzweck ging
es um die Unterordnung des Adels von Ponthieu unter die Oberherrschaft
des Königs in Aachen, im Sendzweck um die Unterordnung des Volkes von
Ponthieu unter die neue Ideologie, im Kultzweck um die Verklärung der
königlichen Macht als der führenden Kraft der Entwicklung, im Wehrzweck
schließlich um die militärische Sicherung dieser Stätte der staatlichen
Autorität." (S.90). Die Komplexität dieser Funktionen entsprach der
Komplexität der Pflichten des "abbas et comes". Der Hauptzweck des Westwerks war der Kultzweck. Aber die Vielzahl der Zwecke erklärt die Vielzahl der Deutungen bezüglich der Herkunft der architektonischen Form:
"Ein Bau, der so mannigfachen Zwecken zu dienen hatte, konnte tatsächlich
in pfarrkirchlichen Traditionen ebenso wurzeln wie in solchen des
Wehrbaues oder der Palastarchitektur. Die merowingische doppelgeschossige
Herrscherkapelle und der frühmittelalterliche Wohnturm scheinen dabei die
wichtigsten Objekte des künstlerischen Nachdenkens gewesen zu sein." (S.90).

Dennoch erfaßt die Behandlung des objektiven Zwecks allein "nicht das ästhetische Wesen der künstlerischen Schöpfung" (S.91). Der marxistischen Erkenntnistheorie folgend, betrachtet Möbius ein Kunstwerk als "ein 'Zeichen für jemand', dessen tiefster Zweck nicht in der Abbildung der Wirklichkeit liegt, sondern im Aufrufen gespeicherter Erfahrungen und Vorstellungen" (S.92). Das Westwerk stand so für den Herrscher als vollkommenen Menschen und Erlöser der Welt und somit für eine neue Schönheit der Macht.[14]

4. Zusammenfassung und Vergleich

Obwohl die beiden Autoren unterschiedlichen ideologischen Lagern zuzurechnen sind, gehen sie beide von ähnlichen Grundvorraussetzungen aus: davon nämlich, daß mittelalterliche Architektur nicht allein aus der Stilgeschichte zu verstehen ist, sondern daß sie von den politisch-historischen und gesellschaftlichen Umständen ihrer Entstehungszeit geprägt ist. Bandmann zieht hierbei eher geistesgeschichtliche Faktoren in Betracht, während Möbius stärker den Blick auf die Gesellschaftsstruktur und die realpolitischen Gegebenheiten richtet.

Bandmann betrachtet die abstrakten Bedeutungen und deren Veränderungen mit dem Wandel der Menschheitsgeschichte. Zwar ordnet er die Entwicklung der Bautypen in einen chronologischen Ablauf ein, ohne sie jedoch an konkreten historischen Fakten festzumachen. Die Argumentation bleibt allgemein-abstrakt. Beispiele dienen als Unterstützung der Thesen, werden aber nicht detailliert untersucht.

Möbius reflektiert Bandmanns Gedankengänge kritisch (an mehreren Stellen verweist er direkt auf Bandmann) und konkretisiert sie anhand eines Beispiels, wofür er den "Prototyp" des Westwerks auswählt. Dabei setzt er Bandmanns wichtigste These, nämlich daß der Bauherr die Formen des Bauwerks bestimmt, gleichsam als selbstverständlich voraus, denn er beginnt seine Untersuchung mit der Person des Centulaer Abtes Angilbert, bevor er näher auf Baugeschichte und Nutzung eingeht.

Möbius sieht die Architektur pragmatisch. Ihn interessiert weniger die formale Ableitung als vielmehr die praktische Nutzung im täglichen Leben der Zeit.[15] Immer steht für ihn der Mensch im Vordergrund: erst ist es der Bauherr Angilbert in seiner Position als Abt und Staatsmann, dann sind es die verschiedenen sozialen Gruppen, die das Westwerk nutzen. Bedingt durch seine marxistische Weltanschauung bleibt seine Sympathie für das "niedere Volk" und seine Kritik an der "frühfeudalen Klassengesellschaft" (S.89), beherrscht von Königtum und Kirche, nicht verborgen.

Bandmann sieht das Westwerk entstanden aus der Addition des selbständigen byzantinischen Zentralbaues und der römischen Basilika in Zusammenhang mit der Trennung von geistlicher und weltlicher Sphäre. Dadurch /daß der Kaiser die römische Kirche als Macht anerkennen mußte, verlor er seine führende sakrale Bedeutung und wurde so quasi an den Rand der Kirche gedrängt. Dem Kirchenbau mußte ein Bauteil angefügt werden, in dem die oberste staatliche Instanz einen angemessenen Platz finden konnte. Das Kirchengebäude erhielt jetzt zwei Zentren: eines für die Priesterschaft (Chor), das andere für die Laienwelt (Westwerk), wobei der Chor als Allerheiligstes der übergeordnete Kultplatz blieb. Das Westwerk diente vor allem als kaiserliche Eigenkirche mit sämtlichen damit verbundenen Rechten; diese Handlungen, die sich auf die Laiengemeinde bezogen, wurden also in das Westwerk ausgelagert.

Möbius hingegen erachtet das Westwerk als aus dem eigentlichen Kirchenraum ausgeschiedenen Extraraum; die Verbindung der beiden Räume bleibt jedoch entscheidend. Den Anstoß für die Erfindung des Westwerks gab die Entstehung des bischöflichen Sendgerichts; ferner wurde es für die Sitzungen der Kurie genutzt. Hier zelebrierte man den Kult des Salvators, des königlichen Christus, als dessen irdischer Stellvertreter der König / Kaiser galt. Dadurch und durch ihre Lage im Obergeschoß wurde die Westwerkvierung über alle übrigen Kultplätze innerhalb der Kirche hinausgehoben. Im Westwerk manifestiert sich architektonisch das neue Bündnis zwischen Kirche und Staat; der König wird nicht aus der Kirche verdrängt, sondern in sie einbezogen wie umgekehrt die kirchlichen Würdenträger in Staatsfunktionen. Der ideologische Überbau des Salvatorkultes ermöglicht es Königtum und Kirche, ihre Herrschaftsform zu etablieren.

5. Anmerkungen

1   Friedrich Möbius ist Professor für Kunstgeschichte an der Universität Jena / DDR.

2   Die altchristliche Basilika hat noch nicht die Stadt abgebildet (Bandmann S.111).

3   Derartige Phänomene sind bekannt als die "mittelalterlichen Renaissancen" der karolingischen, ottonischen und staufischen Zeit. Seit den Ottonen und Saliern isolierte sich der Kaisergedanke auf Deutschland; man suchte jetzt auch Legitimation durch den Bezug auf das vorhergehende Kaiserhaus.

4   Apostelgesch. 7.48, ähnlich auch 17.24, Jes. 66.1-2

5   Die Liturgie hat die verschiedenen Bautypen nicht geschaffen; sie unterliegt ihrerseits ähnlichen Entwicklungsprozessen wie die Bauformen (Bandmann S.170).

6   Die germanischen Völker verstanden sich als Fortsetzer des Imperium Romanum, das als Abbild des Gottesreiches galt. Daher übernahm man den oströmisch-byzantinischen Kirchentyp.

7   Türme wurden gelegentlich als Zentralbauten aufgefaßt.

8   Hinweis auf die Bedeutung als Wehrbau!

9   Das Westwerk diente als eigenständiger Kultbau mit allen Rechten einer Pfarrkirche.

10 Das Westwerk stimmt weitgehend mit zeitgenössischen bildlichen Stadtsymbolen, z. B. auf Siegeln, überein.

11 Die Klosterstadt Centula hatte mindestens 7500 Einwohner und ist somit als Zentrum der Region aufzufassen.

12 "Der Bischof wird auf seiner 'Sendfahrt' von Klerus und Volk der jeweiligen Gemeinde feierlich empfangen und in die Kirche geleitet, wo er eine Messe zelebriert. Aus dem um ihn gescharten Volk wählt er sodann fünf bis sieben Männer ... Erläßt sie am Altar einen Eid ablegen, daß sie in dem folgenden Verfahren nur die reine Wahrheit sagen werden. Der Bischof befragt nun diese Vereidigten, ob sie Kenntnis besäßen von Verfehlungen gegen kirchliche und staatliche Gebote ... Um ihrem Gedächtnis nachzuhelfen und um in aller Deutlichkeit zu kennzeichnen, was die Kirche als Verfehlung und Verbrechen ansah, erhielt die Untersuchung eine Frageform. (...) Die rechtshistorische Forschung hat das karolingische Sendgericht als die Urform der späteren Inquisitionsprozesse, besonders der Hexenprozesse erwiesen" (Möbius S.51).

13 "Der Titel des dux findet sich als Ehrentitel bei einer kleinen, besonders ausgezeichneten Gruppe der karolingischen Aristokratie, jener 'Reichsaristokratie', die, zumeist mit dem Königshaus versippt, das Imperium regierte ... Sie waren als herzogsartige Instanzen über verschiedene Grafschaften gesetzt, deren Verwalter ihnen untertan waren" (Möbius S.61).

14 "... es ist das Bild des über seinem Volke thronenden Herrschers, der zum vollkommenen Menschen, zum Inbegriff des Traumes vom besseren Leben, zum Sinnbild der Einheit von Geist und Macht geworden ist, an den sich die Sehnsüchte der Menschen binden. Es ist der Kaiser als der 'schöne Mensch' schlechthin, dem die Bewunderung und Verehrung und der Jubel des Volkes gebührt, theologisch gesprochen: der Heiland und Erlöser der Welt. Erst vom Menschenbild her, das anschauliche Form geworden ist, erschließt sich wohl das ganze Wesen, das eben nicht nur in der Widerspiegelung der objektiven Wirklichkeit besteht, sondern auch und vor allem im sinnenhaften Hinweis auf neue Möglichkeiten des Menschlichen, auf eine neue Schönheit des Lebens, in unserem Fall: auf eine neue Schönheit der Macht." (Möbius S.93).

15 "Jede architektonisch-künstleriscche Schöpfung ist angewiesen auf Handlungen und Vorgänge des gesellschaftlichen Lebens, diese erst sichern die Bedeutung der architektonischen Gestalt. Wer diesen Zusammenhang mit dem Leben nicht aufdeckt, erfaßt auch die Symbolik des künstlerischen Ausdrucks nur halb." (Möbius S.22).

6. Literatur

Bandmann, Günter: Mittelalterliche Architektur als Bedeutungsträger. Berlin [8]1985.

Möbius, Friedrich: Westwerkstudien. Jena 1968.

BEI GRIN MACHT SICH IHR WISSEN BEZAHLT

- Wir veröffentlichen Ihre Hausarbeit,
  Bachelor- und Masterarbeit

- Ihr eigenes eBook und Buch -
  weltweit in allen wichtigen Shops

- Verdienen Sie an jedem Verkauf

Jetzt bei www.GRIN.com hochladen und kostenlos publizieren